AF586957

THÉATRE

DE

MARION DU MERSAN.

THÉATRE

DE

MARION DU MERSAN.

SEUL ET EN SOCIÉTÉ

AVEC

MM. Aubertin, Bosquier, Bouilly, Brazier, Brunswick, Carmouche, Céran, Chazet, de Courcy, Dartois, Debugny, Deforges, Désaugiers, Dupeuty, Dupin, G. Duval, Francis, Gabriel, Henrion, Honoré, Jaime, Lafontaine, Martainville, Mélesville, Merle, Moreau, Nézel, J. Pain, Pixérécourt, Poirson, Ponet, Rochefort, de Rougemont, Rousseau, Scribe, Servières, Sewrin, Simonnin, Théaulon, Vieillard.

Suum cuique.

TOME

COLLECTION,

ACCOMPAGNÉE DE NOTES AUTOGRAPHES,

POUR LA BIBLIOTHÈQUE ROYALE.

PARIS, 1837.

Pièces contenues dans ce Volume

1805.

N.° 15

JOLY, dans L'AVIRON DU PONT DES ARTS

Vaudeville

BIBLIOTH. IMPÉRIALE IMPR.

Joly del. A Paris chez Martinet rue du Coq N.° 15.

Point de r'plique ou j'jous de l'Aviron et
decampaverunt gentes quoniam bontrain.

Scene XII

LE

PONT DES ARTS,

OU

SCÈNES SUR SEINE,

VAUDEVILLE EN UN ACTE;

Par MM. G. DUVAL ET T. DUMERSAN;

Représenté pour la première fois, à Paris, sur le Théâtre Montansier, le 10 Prairial an 13 (30 *Mai* 1805).

Prix, 1 franc.

BIBLIOTHÈQUE ROYALE

A PARIS,

Chez Mad. CAVANAGH, Libraire, sous le nouveau passage du Panorama, No. 5, entre le Boulevard Montmartre et la rue St.-Marc.

1805.

PERSONNAGES.

Mad. PASTEL, veuve d'un peintre. Mad. *Bonioli.*

SOPHIE, sa fille, dessinatrice. Mlle. *Cuisot.*

St.-ANGE, graveur, amant de Sophie. M. *Aubertin.*

PRUDHOMME, petit-maître de 45 ans, habitant du faubourg St.-Germain, caricature. M. *Brunet.*

JAVOTTE, blanchisseuse. Mad. *Drouville.*

LAVIRON, batelier. M. *Joly.*

M. TRANQUILLE. M. *Vauxdoré.*

L'Homme qui perçoit le péage du Pont.

La Sentinelle.

Blanchisseuses.

Passans.

La scène est sur la Seine.

LE PONT DES ARTS.

SCENE PREMIERE.

M. TRANQUILLE, *assis sur la berge, et pêchant à la ligne*, JAVOTTE *et les blanchisseuses, travaillant dans le bateau.*

JAVOTTE.

Air *de la Rose* (contredanse).

Gaîment travaillons,
Et chantons
Du matin au soir;
Chez nous point de noir.
S'il vient queuq'souci,
J'dis qu'ici,
Je pouvons soudain
Noyer not' chagrin.

CHOEUR. Gaîment travaillons, etc.

Je vois dans c't'onde fugitive
Le plaisir que chacun poursuit;
Il semble lent lorsqu'il arrive,
Et rapide lorsqu'il s'enfuit.

LES BLANCHISSEUSES.

Gaîment, travaillons, etc.

M. TRANQUILLE, *tirant sa ligne.*

Rien, rien du tout.

Air : *Que l'on file, file.*

J'ai beau prendre de la peine,
Il est très-sûr et certain
Que les poissons de la Seine
M'ont évité ce matin.
Aucun d'eux ne se dépêche
De mordre à mon hameçon,
Depuis que je pêche, pêche, pêche,
Je n'ai pas pris un goujon.

JAVOTTE.

Air : *Tôt, tôt, tôt.*

Nous donnons le coup de savon
A l'indienne de la grisette,
Au fichu menteur d'la coquette,
A la grand'veste du barbon,
Puis au gilet du fanfaron,
Tout cela pour le prix d'usage.
Tôt, tôt, donc,
Blanchissons;
Tôt, tôt, donc,
Que l'ouvrage
Ne nous manqu' pas plus que l'courage.

CHOEUR.

Tôt, tôt, donc, etc.

TRANQUILLE, *tire sa ligne.*

Rien, encore.

JAVOTTE.

Chou blanc, M. Tranquille.

TRANQUILLE.

Chou blanc! c'est votre faute.

JAVOTTE.

Ma faute, à moi!

TRANQUILLE.

Oui, sans doute, et celle de toutes vos camarades; vous faites tant de tapage, et vous remuez l'eau avec si peu de précaution, que vous effarouchez ces animaux, et que vous les faites sauver.

JAVOTTE.

Dis donc, Louise, comme s'ils avaient besoin d'autre épouvantail que sa physionomie! La perspective d'une boule aussi mal travaillée est capable de les faire remonter jusqu'à Chalenton.

TRANQUILLE.

Ma figure ne vous regarde pas, et elle est bien dans ce *qu'elle est.*

JAVOTTE.

Si tu t'en contentes, mon petit homme, tu n'es pas difficile. On voit sur le Pont-au-Change, pour deux sous, des curiosités qui ne la valent pas. A-propos, dis donc, l'enfant, demeures-tu toujours rue Poissonnière?

TRANQUILLE.

Qu'est-ce que cela vous fait?

JAVOTTE.

Je te demande çà par intérêt pour toi. Tu te fatigues, mon homme, de venir de si loin pêcher ton dîner à la ligne. Faut te rapprocher...

TRANQUILLE.

Aussi ai-je fait, mademoiselle, et je demeure à présent rue Grenier-sur-l'Eau, mais au demi-terme je déménage.

JAVOTTE.

Pour aller?

TRANQUILLE.

Habiter la rue du Chat-qui-Pêche.

JAVOTTE.

Çà fait qu'tu s'ras là tout-à-fait dans le quartier de tes affaires.

SCENE II.

Les Mêmes, St.-ANGE et LAVIRON, *arrivant par dessous l'arche du pont, sur l'avant-scène.*

TRANQUILLE.

Voilà le batelier, à présent ! surcroît de tapage.

LAVIRON, *lui frappant sur l'épaule.*

Eh ben, père Tranquille, comment va le commerce aujourd'hui ?

JAVOTTE.

Ben mal, mon p'tit Laviron. Mais c'est à nous qu'il faut s'en prendre.

LAVIRON.

Pourquoi donc çà !

JAVOTTE.

J'troublens la rivière et çà y'empêche ses goujons d'arriver.

S.-ANGE.

Quoi ! vous vous plaignez de cela, mon ami !

Air. *Adieu, je vous fuis bois charmans.*

Vous avez tort assurément
De témoigner de la colère,
C'est un service qu'on vous rend
De troubler ainsi la rivière.
Ce moyen est bien le meilleur
Pour vous faire gagner le double,
Car rien n'enrichit le pêcheur
Comme de pêcher en eau trouble.

TRANQUILLE.

Vous raisonnez comme quelqu'un qui ne connaît pas l'état de la pêche.

LAVIRON.

C'est bon ; mais je vous prie ainsi que la comère, de nous procurer un moment de repos et de tranquillité, vu que j'ai à parler, avec ce monsieur, de choses qu'il vous importe beaucoup de ne pas savoir. Et point de replique ou je joue de l'aviron ! Ainsi donc le plus grand silence.

JAVOTTE.

Mais tu prends un ton !..

LAVIRON, *la conduisant au bateau.*

Passe à bord, et ne quitte pas l'escadre sans ma permission.

TRANQUILLE.

Permettez moi de vous observer...

LAVIRON.

Tire ta ligne et va-t-en pêcher plus loin, ou gare les bains de pieds. *M. Tranquille sort.* (*à S.-Ange*) Ah ! çà, maintenant mettez moi z'au fait en abreviation de quoi que je puis vous être utile. J'avais vot' pratique du tems que le pont n'existait pas ; vous n'oublyiez jamais les pour-boire du passeu, et vous avez gagné mon amitié ! ainsi parlez, j'vous écoute.

S.-ANGE.

Mon ami, j'aime...

LAVIRON.

Çà se voit queuq fois.

S.-ANGE.

Une femme parfaite !

LAVIRON.

N'y a pas long-tems qu'vous la connaissez, j'vois ça !

S.-ANGE.

Qui m'aime !

LAVIRON.

Vous le croyez, tant mieux !

S.-ANGE.

Qui n'aime que moi !

LAVIRON.

C'est fort !

S.-ANGE.

Mais une mère inflexible !..

LAVIRON.

On en rencontre partout !

S.-ANGE.

Préfère un imbécille...

LAVIRON.

C'est l'usage...

S.-ANGE.

Qu'il faut tâcher d'éconduire.

LAVIRON.

Et le moyen ?

S.-ANGE.

Attends donc ! Tous les matins Sophie...

LAVIRON.

C'est le nom de la belle ?

S.-ANGE.

Précisément ! accompagnée de Mad. Pastel sa vénérable mère, elle quitte sa demeure solitaire de la rue des Marais, et pour aller étudier au Muséum, traverse le Pont-des-Arts...

LAVIRON.

J'vois ce que c'est ! Un poulet à remettre en tapinois ! vous voulez faire de moi un messager de Curpidon.

S.-ANGE.

Tu m'as deviné ; mais ce n'est pas tout. Je voyais Sophie chez sa mère, où je gravais un tableau de feu M. Pastel ; mais elle s'est apperçue de notre intelligence, et m'a prié de ne plus revenir, parce que la main de la jeune personne avait été promise par son père à un nommé Prudhomme.

LAVIRON.

Je le connais ; c'est une pratique à Javotte, qui, indépendemment de çà, lui fait les yeux doux ; un jeune homme de quarante-cinq ans, qui croit toutes les femmes amoureuses de lui, et que l'on surnomme le petit Lovelace du faubourg St.-Germain ! Ah ! sarpejeu, je suis ben aise que l'occasion me l'envoie sous les pattes ; je vous le ferai danser d'un certain air, et je ne veux pas qu'il approche la rivière de plus d'un demi-kilomètre.

S.-ANGE.

C'est cela même.

LAVIRON.

V'là un fier rival que vous avez là.

S.-ANGE.

Il est protégé par la mère.

LAVIRON.

Oui, mais la fille vous aime.

Air *du Vaudeville de Drelindindin.*

Monsieur, je vais vous conseiller,
Et ma ruse sera bien sûre ;
Faut emprunter d'un batelier,
Et le costume, et la tournure.
A ceux qui veul' vous attraper,
J'donn'rons un bon déboire....
Et puis une *mère* à tromper
N'est pas la *mer à boire.*

S.-ANGE.

Tu crois qu'un déguisement serait nécessaire ?

LAVIRON.

Et sans doute, pour que la poulette vous voie, et que la mère ne vous reconnaisse pas. Çà sera ben le diable si, à force de roder autour, vous ne parvenez à un brin d'explication. Mais ne perdez pas de tems, et revenez sur les aîles de l'amour.

S.-ANGE.

J'y cours.

SCENE III.

Les Mêmes, excepté S.-ANGE.

JAVOTTE.

Quoi que t'avais donc à deviser si long-tems avec ce jeune homme ?

LAVIRON *gaîment.*

V'là-t-il pas la curiosité qui te prend, toi; j'ai pas commission de la satisfaire pour le quart-d'heure; mais quand tu seras ma femme, j't'apprendrai tout ce que tu voudras. Jusques-là, mêle toi de brosser ton linge, et n'use pas trop de savon.

SCENE IV.

Les Mêmes, PRUDHOMME *arrivant en bas.*

PRUDHOMME.

Voyons si la petite Javotte est là, et si.... Ah! mon dieu! encore ce maudit batelier; il va me chercher querelle comme à l'ordinaire; montons sur le pont pour éviter la scène. (*Il remonte, Laviron l'apperçoit*).

LAVIRON.

Te v'là encore ici, dénicheu d'truffes; j'te va faire passer l'envie d'y revenir.

PRUDHOMME *sur le pont.*

Me voilà en pays neutre; et je ne crains rien à présent.

LAVIRON.

T'es ben heureux que je n'aie pas l'sou.

PRUDHOMME

Pourquoi çà?

LAVIRON.

Je grimperais de suite sur ton pont, pour te le faire arpenter plus vîte que çà.

PRUDHOMME.

Ah! çà, dites donc, Mlle. Javotte, puisqu'on ne peut vous aborder sans avoir à démêler avec ce grand escogriffe là; vous me ferez transporter mes effets à mon domicile, que je présume; et je vous invite à y venir vous-même.

LAVIRON.

Javotte, si tu t'avisais...

PRUDHOMME.

Que diable, batelier, ce n'est pas à vous que je parle! Laissez à cette jeune fille le loisir de me répondre.

JAVOTTE.

C'est vrai, Laviron, si tu continues, tu me feras perdre toutes mes pratiques...

LAVIRON.

La sienne est propre!

JAVOTTE.

Si elle était propre je n'le blanchirais pas.

PRUDHOMME.

Voilà répondre *ad rem.*

LAVIRON.

Il t'en faudrait quelques unes de pratiques comme çà, pour faire aller ton commerce... j'gage qu'on joue du bâton à deux bouts dans sa poche sans faire sauter une décime !

PRUDHOMME.

C'est bon ; dites ce que vous voudrez, je m'en moque.

Air : *de Réné Lesage.*

Tout le jour vous pouvez, mon cher,
M'insulter de pareille sorte ;
Ce sont de vains propos en l'air,
Et qu'à son gré le vent emporte.
Vous n'atteindrez pas jusqu'à moi,
Car mes mesures sont bien prises ;
Et sans vanité, je me croi,
Bien au dessus de vos sottises.

JAVOTTE, *à Laviron.*

V'là qui te ferme le bec. C'que c'est que d'avoir la parole en main.

LAVIRON.

Air : *J'conviens avec toi.*

Oui, vraiment, j'admire comme
C'discours est trouvé,
Et j'm'apperçois que l'jeune homme
Est bien élevé.
Mais sans faire tant de frimes
J'quitte l'bord de l'eau
Et je puis pour cinq centimes,
M' mettre à son niveau.

PRUDHOMME.

C'est bien dit; mais il faut les avoir. La promenade est coûteuse et ne convient qu'a des gens un tant soit peu aisés. Je ne suis pas comme vous autres mercenaires, moi, j'ai mon pain tout cuit. Et qu'est-ce que j'ai à faire toute la journée? rien ! Quand je dis non, c'est si !

Air *de la Trenitz.*

Dès que le soleil
Vient hâter mon réveil,
Que regardant en l'air,
J'apperçois qu'il fait clair,
Je vais voir
Mon miroir ;
Et puis rasé,
Frisé,
Je mets d'un air coquet
Mon habit de droguet.

Or, mon appétit
N'est pas petit,
Et par prudence,
Je prends en effet
Du café parfait,

Fait
Au lait.
Après déjeûner,
A me promener
Je commence;
Je lis le journal,
Merègle au cadran décimal.

Chez moi de retour,
Je fais un dîner court,
Et quand il n'est pas tard,
Je vais au boulevard.
Je m'arrête en passant
Devant
L'âne savant:
Ici, quand il fait beau,
Je viens voir couler l'eau;
Puis je vais me mettre
En face du grand thermomètre,
Et bien satisfait,
J'apprends alors le tems qu'il fait.
Je m'en vais ensuite
Rendre vite
Une visite
Au grand léopard,
Au tigre, à l'ours, au kangoar.

Je prends, sur le tard,
Au café Saint-Bernard,
Ma demi-tasse à l'eau;
Je joue au domino.
Je me couche le soir,
Enchanté de pouvoir
Recommencer mon train
Le lendemain
Matin.

LAVIRON.

Je conçois, mon homme. T'appelles çà faire la vie de garçon.

PRUDHOMME.

Je vais bientôt la cesser, en serrant pour de bon les nœuds de l'hymenée!

JAVOTTE.

Bah! vraiment; et quand vous serez marié, demeurerez-vous toujours rue Poupée?

PRUDHOMME

Non, j'épouse une femme du bel air, qui m'installe rue des Quatre-Vents.

LAVIRON.

Grand bien vous fasse, l'Amour en civette. Ah! çà, mes enfans, assez travaillé comme çà.

Air : *Avant de nouveaux travaux* (*Cricri.*)

Allons, vîte au cabaret,
Boire un peu de petit vin clairet;
Le bon vin et le repos
Au travail rendent plus dispos.

JAVOTTE.

D'puis cinq heures et mêm' plutôt,
Que je somm' dans notre bateau,
Une bouteille
De jus d'la treille,
Nous f'ra ben mieux supporter l'eau.

TOUS, *en s'en allant.*

Et y allons vîte au cabaret.

SCENE V.

PRUDHOMME *seul, les regardant partir, appuyé sur la balustrade du pont.*

Les voilà partis, c'est bien heureux... et me voici seul. En attendant que Mlle. Sophie passe par ici, jouissons préalablement de la perspective délicieuse que j'ai devant les yeux, et convenons que le Pont-des-Arts est joliment inventé.

Air *de la Catacoua.*

Le firmament est sur ma tête,
Et je domine sur les flots;
Avec quel plaisir je m'arrête
A voir ces bains et ces bateaux!
Des deux côtés de la rivière,
Clochers, maisons à chaque pas...
Du sel, du ris, du bled, du bois en tas;
Deux ponts de suite, et Chaillot tout là-bas;
Puis à gauche, le quai Voltaire;
A droite, le port Nicolas.

Mais ce n'est rien encore; et les rencontres fortuites, les rendez-vous clandestins dont il est mention, quand le blond Phœbus va se coucher dans les bras de l'Océan.

Même air.

Le soir vient, le lieu nous invite
A plus d'un larcin amoureux;
Sans y songer, femme est séduite,
Et sur l'eau partage vos feux.
Aussi vraiment le voisinage
Est bien dangereux en ce cas:
Et de ce pont quels que soient les appas,
Plus d'un mari, de bien bon cœur, hélas!
S'il était à faire, je gage,
Prîrait pour qu'on ne le fît pas.

Aussi, quand Mlle. Sophie sera Mad. Prudhomme, je me mets fortement dans l'idée qu'elle se passera de passer sur le Pont-des-Arts, et que.... Ah! mon dieu, qu'est-ce que je vois donc là-bas, à gauche.. tout Paris est sur le parapet!...

Allons vîte aux informations... Ah ! j'apperçois le père Tranquille ; il va me donner des renseignemens. Dites donc, papa Tranquille ?

SCENE VI.

PRUDHOMME, TRANQUILLE.

TRANQUILLE

De tel côté que j'aille, toujours des importuns qui me troublent dans l'exercice de mes fonctions.

PRUDHOMME

Qu'est-ce qu'il y a donc là-bas ?

TRANQUILLE *avec onction.*

Là bas ; ah ! mon ami, c'est un chat qui se périt.

PRUDHOMME

Diable ! Mais je ne m'étonne plus qu'il y ait tant de monde ; c'est un événement.

TRANQUILLE

Qui me fait perdre au moins vingt coups de ligne. Je ne sais où me réfugier à présent. Encore si ce maudit pont n'existait pas....

PRUDHOMME.

Vous êtes donc toujours contre lui ?

Air : *de Calpigi.*

A tort vous le trouvez blâmable ;
Il joint l'utile à l'agréable.
Cessez donc de le décrier,
Et sachez mieux l'apprécier.
Quand il ne servirait qu'à faire
Un rapprochement salutaire
Des dames du faubourg Germain
Aux messieurs du quartier d'Antin.

TRANQUILLE.

Cela m'avance beaucoup, moi, et je gagne fort à ce tumultueux concours.

Air : *Tenez, moi, je suis un brave homme.*

Jadis, sur ce bruyant rivage,
Les brochets venaient à foison ;
L'on y pêchait avec courage ;
On y faisait bonne moisson.
De ce maudit pont que je fronde,
Combien mon commerce a souffert !
Il y passe, hélas ! tant de monde,
Que je pêche dans le désert.

PRUDHOMME.

A votre place père, Tranquille, j'intenterais un procès aux

entrepreneurs qui vous lèsent, d'autant plus qu'ils ne paraissent pas disposés à vous faire des sacrifices.

TRANQUILLE.

Ah, vous croyez !

PRUDHOMME.

Témoin, ce marchand de fleurs qu'ils ont établi tout juste au milieu, chez qui l'on trouve tant que dure l'année, des bleuets, des pas-d'âne, des jonquille, de l'héliotrope et des oreilles d'ours larges comme la vôtre... Ce limonadier surtout qui en fait un site unique dessus le globe du monde.

TRANQUILLE, *pêchant toujours.*

Et comment çà ?

PRUDHOMME.

Air : *Tour-à-tour il chante Cloris.* (de Gessner.)

Dédaignant la bierre et l'orgeat,
Il offre à la mère, à la fille,
Glace à la fraise, au chocolat,
Glace au citron, à la vanille.
C'est admirable en vérité,
Et nulle autre part sur la terre
On ne voit au cœur de l'été,
Tant de *glaces sur la rivière.*

TRANQUILLE.

Et parmi tout çà, moi, je sue sang et eau.

PRUDHOMME.

Sans rien prendre, pas vrai. C'est un peu de votre faute, si vous ne faites pas vos affaires ; vous tournez le dos à la Monnaie ; tachez de vous en rapprocher en remontant un peu du côté du Pont-Neuf, et je parie... Mais, sans adieu, père Tranquille ; j'apperçois ma future et sa maman qu'il faut que j'accoste.

TRANQUILLE, *à part, sur la berge.*

Allons changer de ligne, et voyons si je serai plus heureux sous le pont des Tuileries. (*Il sort.*)

SCENE VII.

PRUDHOMME, Mad. PASTEL et SOPHIE, *arrivant sur le pont.*

PRUDHOMME.

Abordons avec une sorte de galenterie. (Lezzi.)

Mad. PASTEL.

Allons, allons, ma fille, le Muscum va ouvrir, il faut nous dépêcher.

Air : *Monsieur, vous avez une fille.* (du Bouffe.)

PRUDHOMME.

Comment vous portez-vous, madame ?

Mme PASTEL.

Mais, monsieur, je me porte mieux.

PRUDHOMME, *à Sophie.*

Bonjour, tendre objet de ma flamme.

SOPHIE, *fait la révérence et passe.*

Monsieur, je vous fais mes adieux.

PRUDHOMME.

Comment, vous me quittez, je pense ?

Mme. PASTEL.

C'est qu'ailleurs nous portons nos pas.

PRUDHOMME.

Eh ! quoi, fuiriez-vous ma présence ?

SOPHIE.

Non ; mais nous ne la cherchions pas.

PRUDHOMME.

Eh ! quoi ! (4 fois)

SOPHIE.

Nous ne la cherchions pas.

Mad. PASTEL.

M. Prudhomme, nous n'avons pas le tems de nous arrêter.

PRUDHOMME.

Il n'est que neuf heures et demie, voyez le cadran des Quatre-Nations. Vous savez bien que le Muséum n'ouvre qu'à dix heures.

Mad. PASTEL.

C'est vrai ; qu'allons nous faire jusques-là ?

SOPHIE.

Maman, vous savez bien que mon maître m'a demandé cette vue prise du Pont-des-Arts... Je puis la commencer ce matin. (*à part.*) Et St.-Ange viendra peut-être. (*Elle tire de son carton ce qu'il faut pour dessiner, et s'assied en face du public.*)

Mad. PASTEL.

Tu as raison ; moi, pendant ce tems, je vais m'établir ici et continuer ma lecture.

PRUDHOMME.

Si au lieu de çà, madame Pastel, nous voyions à jaser des préparatifs nuptiaux...

Mad. PASTEL.

Oh ! nous n'en sommes pas encore là.

PRUDHOMME.

Non, mais cela ne peut pas tarder.

Air *du Vaudeville de l'Avare.*

Feu votre époux, à moi Prudhomme,
Devait, par un accord nouveau,
Payer une assez forte somme,
Ou bien fournir un grand tableau.
Sa mort me cause un grand dommage.
Vu qu'il ne peut plus travailler,
Je veux du moins, pour me payer,
Prendre son plus parfait ouvrage.

SOPHIE.

Monsieur Prudhomme est galant.

PRUDHOMME.

Et puis d'ailleurs, l'affaire n'est pas si mauvaise pour vous; un homme jeune encore.. quarante-cinq ans... d'une certaine tournure... un propriétaire qui a pignon sur rue dans le quartier S.-Sulpice.. une maison à deux étages rue du Canivet, rapportant fidèlement exempte d'impositions, 753 livres par an, non compris 900 liv. de tiers consolidé.

SOPHIE.

Eh! monsieur, que m'importe la fortune, quand le cœur n'y est pas!

PRUDHOMME.

Le cœur! il n'y aurait donc que le vôtre au-delà des Ponts qui me serait rebelle! On est connu outre Seine, pour ses petites caravanes. Demandez de mes nouvelles rue Gille-Cœur, où j'ai demeuré. Et la rue de l'Hirondelle où j'ai voltigé six mois... je n'y ai pas laissé de regrets, non, du tout; c'st ma tante Aurore! On ne m'a pas encore oublié non plus dans la rue du Foin, que j'ai mise en combustion, et je ne sais pas ce qui me serait arrivé, si je ne m'étais fixé à une petite blonde de la rue du Cœur-Volant. Enfin, j'ose le dire.

Air : *Tout le long de la rivière.*

Mon air aimable est remarqué
Des Invalides jusqu'au quai :
Sur le quai Conti l'on m'adore,
Sur le quai Saint-Bernard encore.
Plus d'une célèbre beauté
A de moi le cœur enchanté;
Et je pourrais me marier, ma chère,
Tout le long, le long de la rivière.

SOPHIE.

Je vous ai déjà dit vingt fois que je n'aimerai pour époux qu'un artiste.

PRUDHOMME.

Non, on ne l'est pas artiste! on n'ose pas!

Air : *du Branle sans fin.*

Qu'il vienne un rival, je puis
Au mieux, lui couper la gorge,

Car sur la pointe je suis
Aussi fort que feu St.-George.

En musique, à livre ouvert,
Tel morceau qu'on me propose,
Je puis dans plus d'un concert,
Chanter comme un virtuose.

Un danseur, même très-fort,
Ne saurait suivre ma trace,
Car, léger comme Duport,
J'unis la force à la grace.

Dans tous les arts d'agrément
Je peux dire que j'excelle,
Et sur un cheval fringant
Je me tiens fort bien en selle.

L'été vient-il, on me voit
Nager avec gentillesse;
Le poisson le plus adroit
N'imite pas ma souplesse.

Je sais mener un boguet,
Jouer, les jours où l'on chôme,
A la boule, au bilboquet,
Aux quilles, même à la paume.

Alors, dans un tour de main,
Voilà bien comme on empaume,
Pour peu qu'on ait l'air benin,
Tout le sexe féminin.

SOPHIE.

Oui, mais de tous les arts, le seul qui puisse me plaire, vous ne le possédez pas... la peinture.

PRUDHOMME.

Ah, voyez vous, Mad. Pastel, c'est votre Muséum qui lui tourne la tête; et vous ne devriez point la mener là.

SOPHIE.

Pourquoi donc monsieur ?

Air : *de Lasthénie.*

C'est le sanctuaire des arts,
Et c'est là qu'un vaste génie
Réunit les chefs-d'œuvre épars
De la Grèce et de l'Italie.

PRUDHOMME.

C'est vrai; j'en conviens avec vous,
Et je suis certain de vous plaire,
Si vous modelez votre époux
Sur l'Apollon du Belvédère.

Mad. PASTEL.

Vous n'avez pas de présomption.

PRUDHOMME.

Je m'apprécie et voilà tout. Mais cependant, à votre place, au lieu de passer et repasser ce pont, j'irais étudier au Musée des petits Augustins, et je mettrais ainsi tous les jours quatre sous dans ma poche.

SOPHIE, *sans l'écouter, à part.*

St.-Ange ne vient pas. Il m'avait promis de passer ! aurais-je inutilement écrit ce billet !

PRUDHOMME.

Vous avez l'air toute distraite ; voulez-vous que je vous régale de l'harmonica ?

SOPHIE.

Laissez moi donc, monsieur.

PRUDHOMME.

Est-ce que je vous empêche de dessiner ?

SOPHIE.

Oui, vous me troublez.

PRUDHOMME.

Eh bien, je ne vous parlerai plus... Mais comme j'ai donné mes cinq centimes, je veux me promener tout mon sou.
(*Il se promène en long et en large.*)

SCENE VIII.

Les Mêmes, St.-ANGE, *en batelier arrivant sur un bateau et chantant du fond.*

Air : *Ma barque légère.*

Ma barque légère
Porte mes filets ;
Elle va, j'espère,
Servir mes projets.
Entends, ma bergère,
Mes chants amoureux,
Et sur la rivière
Viens jeter les yeux.
Tâche de comprendre,
Feins de ne rien voir ;
Je pourrai t'apprendre
Ce qu'il faut savoir. (ter)

Guide moi, ma belle,
Et sans nul effort,
Bientôt ma nacelle
Sera dans le port.

SOPHIE, *à part.*

Je ne me trompe pas, c'est la voix de St.-Ange.

PRUDHOMME, *à Mad. Pastel.*

Voilà un batelier qui chante gentiment ; il est guilleret.

SOPHIE, *à part.*

Et toujours ce maudit Prudhomme qui m'obsède! Il me vient une idée. (*Haut.*) Puisque le hazard a conduit ici ce batelier, il faut qu'il me serve à quelque chose et je vais le placer dans ma composition. (*Elle se penche sur la balustrade.*)

Air : *Vaudeville de la Belle Marie.*

Approche ta nacelle;
Tu ne viens pas en vain;
Je ne pourrais sans elle
Achever mon *dessin.*

PRUDHOMME.

Que peut faire votre peinture
A ce batelier, s'il vous plait!

SOPHIE.

Sans lui, monsieur, je vous l'assure,
Mon dessin serait imparfait.

S.-ANGE.

J'approche ma nacelle,
Et je reste en chemin,
Pour vous aider, la belle,
A finir ce dessin.

SOPHIE.

Approche ta nacelle,
Tu ne viens pas en vain;
Je ne pourrais sans elle
Achever mon dessin.

SOPHIE, *à Prudhomme.*

Prêtez aussi votre figure...
Car de vous je vais m'occuper.
En vous donnant cette posture,
Je pourrai mieux vous attraper.

Ensemble.

PRUDHOMME.

Je me place, ma belle,
Et j'obéis soudain.
Mais soyez bien fidèle
En traçant ce dessin.

SOPHIE, *à Prudhomme.*

Fixez vos yeux loin d'elle,
Car je voudrais en vain,
Sans vous, sans la nacelle,
Achever mon dessin.

St.-ANGE.

J'approche ma nacelle,
Et m'arrète en chemin,
Pour vous aider, la belle,
A finir ce dessin.

PRUDHOMME, *restant comme elle l'a placé.*

Faut-il rester encore ?..

SOPHIE.

Sûrement! vous ferez dans ma composition un point de vue charmant. Ne bougez pas, et sur-tout n'allez pas tourner la tête.

PRUDHOMME.

Je suis immobile ! Ce n'est pas l'embarras, je crois que ma tête doit bien faire là ! m'attrapez-vous ?

SOPHIE.

Tout-à-l'heure. Vous n'êtes pas le seul dont je m'occupe.. (*Elle tire une lettre enveloppée dans un peloton de fil.*)

Air : *Vaudeville de Pellegrin.*

Tâchez bien d'attraper le fil!

S.-ANGE.

Est-ce le fil de la rivière?

PRUDHOMME.

Mais de quoi donc se mêle-t-il?
Pour moi, je ne vous entends guère.

SOPHIE, *lâchant le peloton, qu'elle tient par un bout.*

A vous cela s'adresse-t-il?
C'est lui seul qui doit me comprendre.

PRUDHOMME.

Du discours je saisis le fil.

SOPHIE, *voyant St.-Ange qui prend le billet.*

Mieux que vous il a su le prendre.

S.-ANGE.

Un billet ! (*Dix heures sonnent.*)

Mad. PASTEL.

Allons, Sophie, voilà dix heures. Il faut aller au Muséum, ma bonne amie.

SOPHIE.

Et mon dessin, maman?

Mad. PASTEL.

Tu l'achèveras demain.

PRUDHOMME.

Voyons ce qu'il y a déjà de ma figure ?

SOPHIE.

Vous n'êtes qu'ébauché. Je ne veux vous la faire voir que quand vous serez bien fait.

PRUDHOMME.

Vous ne me la montrerez donc pas de sitôt. Je suis curieux !...

Mad. PASTEL.

Allons, M. Prudhomme, ne me retenez pas.

PRUDHOMME.

Je vous fais l'offre de mes deux bras pour vous conduire au Louvre, je vous mène jusqu'à l'escalier du télégraphe et je reste à la porte de l'Institut.

SCENE IX.

St.-ANGE, *seul.*

Tout le monde est parti, lisons cette lettre que je dois à mon déguisement.

« Mon cher St.-Ange, ma mère ne demanderait pas mieux que de nous unir ; mais elle me defend de vous voir et de vous parler, avant que vous n'ayez trouvé un moyen de faire cesser les ridicules pretentions de Prudhomme. Tachez de le faire renoncer à ma main ou à la somme que ma mère serait obligée de lui payer, si elle manquait à la parole donnée par mon pere. Vous ne doutez pas du cœur de Sophie. »

Je le trouverai ce moyen ! l'amour me le suggère déjà ! Mais il faut en instruire Sophie. (*Il tire un crayon et écrit sur son genou.*) Répondons lui sur le champ... Mais comment lui faire parvenir?. ah, dans un pot de fleurs. Laviron pourra la prevenir lorsqu'elle repassera sur le pont !

Air : *C'est le bien que l'on en dit.*

Pour échapper à tous les yeux,
Et tromper celle qui nous guette,
Du secret de mes tendres feux,
Une fleur sera l'interprète.
Sophie aujourd'hui recevra
La lettre de ma main tracée,
Et l'amour discret cachera
Au sein des roses, ma pensée.

SCENE X.

St.-ANGE, LAVIRON, JAVOTTE, *sur la berge.*

JAVOTTE.

Eh bien, not' amoureux, le déguisement a-t-il réussi.

S.-ANGE, *hésitant.*

Le déguisement ; mais...

JAVOTTE.

T'nez, jeune homme, vous avez tort de vous méfier de moi. J'vois ben qu'il s'agit de jouer un tour à c'timbecille de Prudhomme, et vous ne pourriez pas mieux vous adresser qu'à moi pour lui laver la tête.

LAVIRON.

C'est vrai, oui dà, au caquetage près, Javotte est une bonne pâte de fille, et sans barguigner j'pouvons la mettre en tiers dans notre niche.

S.-ANGE.

Eh bien, apprenez donc, mes amis, que j'ai reçu une lettre, mais que je n'ai pu donner ma réponse.

LAVIRON.

Ah ! je vous vois venir, jeune homme. C'est sur moi que vous comptez, et je me charge de la lui remettre en passant.

S.-ANGE.

Non pas, la mère pourrait t'appercevoir. Tu vas mettre ce billet dans un pot de fleurs.

LAVIRON.

Dans lequel, car il y a du choix sur ce Pont-des-Arts.

S.-ANGE.

Il est vrai.

Air : *du vaudeville de Frosine.*

C'est un véritable jardin
Où Flore établit son empire.
Le lys, la rose et le jasmin
Sont réunis pour nous séduire.
A l'œil ces objets enchanteurs
Ont sans doute le droit de plaire,
Et j'aime à voir autant de fleurs
Couronner un parterre.

LAVIRON.

Ah çà, c'est vrai.

Air : *de Manon Giroux.*

Y a des fleurs de tout' manière,
Et les amateurs
Peuvent ben choisir, j'espère,
Des goûts, des couleurs.
Ceux que l'grand jour importune,
Vienn' à petit bruit,
Sûrs d'y trouver à la brune
Des *belles-de-nuit.*

Prudhomme traverse le pont, et descend.

S.-ANGE.

C'est fort bien, mais tu placeras ma lettre dans un rosier que tu auras bien soin de désigner à Sophie...

LAVIRON.

Et je sais ma leçon comme si je l'avais étudiée huit jours. Je me poste au débouché du Louvre. J'instruis la jeune personne pendant que la maman paye le droit de passe. Un mot à l'oreille est sans conséquence, elle marchande la correspondance, l'achète, la paye, l'emporte, et une fois dans sa chambre le pot de fleurs est décacheté.

S.-ANGE.

Va vîte, je t'attends ici. (*Laviron sort, et traverse le pont.*)

JAVOTTE.

Soyez tranquille, allez ; je réponds de tout, moi ; vous arriverez à bout de la chose. Laviron est dans le cas de joliment mener votre barque, et n'craignez pas de chavirer.

SCENE XI.

St. ANGE, JAVOTTE *dans le bateau*, **PRUDHOMME** *en bas.*

PRUDHOMME *arrivant avec précaution.*

Voyons donc si je pourrai enfin aborder aujourd'hui le vaisseau de ma blanchisseuse. Ah ! Laviron n'y est pas ; bon. (*Il monte sur la planche.*) C'est bien heureux qu'une fois dans la vie, on te rencontre seule, et que l'on ne soit pas exposé aux avanies de ce maudit Laviron. Mais sais-tu, mon enfant, que tu embellis tous les jours, et que.... (*Il veut l'embrasser.*)

JAVOTTE.

A bas les mains ; pas de gestes ! Un homme marié, ou à la veille de l'être.

PRUDHOMME.

Çà ne m'empêchera pas de te conserver ma pratique ; tu me blanchiras toujours.

Air : *Charmante Gabrielle.*

Charmante blanchisseuse,
Pour tes divins attraits,
D'une flamme amoureuse
Je brûle à tout jamais.
Auprès de toi, tigresse,
Matin et soir,
Mon cœur, rempli d'ivresse,
Est un battoir.

JAVOTTE.

Dieu me pardonne, c'est une déclaration, et roucoulée sur un air... Mais tu repasseras entre lundi et samedi, tourtereau du faubourg. Pour le présent, dis moi ce qu'il te faut, que je me débarrasse de toi.

PRUDHOMME.

Mes manchettes et mon jabot ; que je les faufile pour me présenter ce soir à un thé conséquent, chez le clincailler de la rue des Canettes.

JAVOTTE.

Comme c'est dommage pourtant, que vous me demandiez là ce que je n'ai pas fait et ce que je ne ferai pas ; car, afin que vous le sachiez, c'est aujourd'hui ma fête, et je la chôme.

PRUDHOMME

Ta fête, Javotte (*à part*) Idée lumineuse pour me faire adorer. (*Haut*) Ecoute, je ne t'ai jamais rien offert, et tu n'as jamais rien voulu accepter de moi ; mais un jour de fête, tout se prend. Attends moi. (*Il monte sur le pont.*)

JAVOTTE.

Est-ce que vraiment ce maringouin-là aurait l'intention de me donner dans l'œil.

S.-ANGE.

Il me vient une idée. Si vous feigniez d'écouter son ridicule amour.

JAVOTTE.

Ah! oui ; et Laviron qu'est jaloux comme le grand Barbaro.

S.-ANGE.

Il est dans mes intérêts.

JAVOTTE.

Qui çà? le grand Barbaro?

S.-ANGE.

Eh ! non ; Laviron. Je lui dirai que c'est de concert avec moi.

JAVOTTE.

Ah ! voici l'oiseau bleu.

PRUDHOMME *traversant le pont, un pot de fleurs à la main. (Il chante.)*

C'est pour toi que j'en fis l'emplette,
Chère Javotte, et cœtera.

S.-ANGE.

Commencez votre rôle dès ce moment.

JAVOTTE.

Vous le voulez, je vas écouter le linot.

PRUDHOMME *arrivant.*

Je dis que le pot de fleurs n'est pas mal, et qu'elle va sentir ce que j'ai fait pour elle.

Air : *Vous me comprendrez toujours bien.*

Entre mille brillantes fleurs,
J'ai fait choix de la plus vermeille,
Pour l'offrir à ces yeux charmans,
Qui font le destin de ma vie.
Oh! oui, sans doute, je serai
Content comme il n'est pas possible,
Si Javotte en pare aujourd'hui
Son sein, sa chambre ou sa fenêtre.

SCENE XII.

Les Mêmes, LAVIRON.

LAVIRON, *de dessus le pont.*

M. St.-Ange, les v'là qui viennent et la jeune personne est instruite de tout.

PRUDHOMME *prêt à entrer dans le bateau.*

Eh bien répondez-vous ?.. Acceptez-vous ce don que je vous offre...

JAVOTTE.

J'apperçois quelqu'un qui va vous répondre pour moi.

LAVIRON, *paraissant en scène.*

Ah ! je t'y prends, perroquet de Pontoise ! Tu veux étourdir Javotte, avec l'odeur de tes jonquilles... Donne moi ce joli pot de fleurs, je vas le bloquer dans mon alcôve, et comme j'allons nous marier, je te le garderai jusqu'au jour de la noce; c'est-il pas l'intention du fondateur? (*Il prend le pot.*)

PRUDHOMME.

Mais laissez donc.

LAVIRON, *à S.-Ange.*

Ah! jarni dié, il n'avait pas mal choisi, le sournois; justement ma boëte aux lettres.

PRUDHOMME.

Rendez moi çà, je l'ai payé, çà m'appartient.

LAVIRON.

Ne réplique pas, timballier des archers du roi de Maroc. Ah ! tu vas acheter des fleurs sans nous en prévenir... (*Il le prend par le bras.*)

PRUDHOMME.

Finissez donc, vous me disloquez les jointures.

Air : *Romance d'Une Folie.*

LAVIRON.

Coquin, tu t'avise d' l'aimer.

PRUDHOMME.

De grace, accordez-moi la vie.

LAVIRON.

Non, parbleu ! je vais t'assommer.

PRUDHOMME.

Ah ! je vois là-haut ma Sophie !
Objet de mes tendres amours,
Venez, venez à mon secours.

SCENE XIII.

Les Mêmes, Mad. PASTEL et SOPHIE, *qui ont entendu les derniers mots.*

Mad. PASTEL.

Que vous a donc fait ce jeune homme, pour le maltraiter ainsi?

LAVIRON.

Ce qu'il m'a fait, ce vilain oiseau sans plumes ? Il vient étourdir mon objet avec ses renoncules, et veut lui monter la tête avec un pot de fleurs...

S. - ANGE. *bas à Laviron.*

Dans lequel il a caché une lettre.

LAVIRON.

Dans quoi même il s'est permis de glisser un poulet !...

PRUDHOMME.

Peut-on dire cela ?

Mad. PASTEL.

Comment, monsieur, à la veille d'épouser ma fille !..

PRUDHOMME.

Ne l'écoutez donc pas, Mad. Pastel. C'est un léger cadeau, sans conséquence, que je fais à ma blanchisseuse, et qui ne doit pas vous inquietter. Quant à l'égard du poulet, il y en a comme dans votre œil; Regardez dans votre œil s'il y en a.

LAVIRON *tirant la lettre.*

Et quoi que c'est donc que ce gribouillage-là ?

PRUDHOMME

Que les pierres de la lune me tombent sur la nuque, si...

St. - ANGE *à Laviron.*

Dis leur de descendre pour en écouter la lecture.

LAVIRON.

Si ces dames veulent connaître le style et la peinture des flammes du particulier, elles n'ont qu'à descendre au bord de l'eau, et je les mets tout de suite au courant.

Mad. PASTEL.

Oui, sans doute, à l'instant même.

PRUDHOMME

Voilà le pot aux roses découvert !

SCÈNE XIV.

Les Mêmes, JAVOTTE.

JAVOTTE. *pendant qu'elles descendent.*

Parle moi donc, mon petit Prudhomme.

Air : *Ton humeur est, Catherine.*

A la veill' de prendre une femme,
M'courtiser, ça n'est pas beau,
Et les projets de ta flamme
S'en vont tous à vau-l'eau.
De ton amoureux martyre,
En vain tu m'parl' en ce jour,
Car tu n'auras rien à frire
Que les poissons d'alentour.

SCÈNE [illegible] ET DERNIÈRE

Les Mêmes, TRANQUILLE, *arrivant par dessous le pont, et se plaçant sur le bateau de blanchisseuse.*

Mad. PASTEL, *descendue au bord de l'eau.*

Voyons donc cette fameuse lettre.

PRUDHOMME.

Je vous proteste, madame....

LAVIRON.

Si tu entrouvres la mâchoire, je t'expédie en accéléré pour les filets de St.-Cloud. (*bas à Sophie.*) C'est la réponse à la vôtre. Ecoutez bien. (*Haut à St.-Ange.*) Veux-tu nous lire çà, toi, Nicolas, tu t'en tireras plus couramment. Je ne me connais guère qu'au gros calibre, moi.

St.-ANGE *lisant.*

» J'ai reçu ta lettre, ma belle amie...

LAVIRON *l'interrompant.*

Ah! diable! correspondance suivie. Continuez.

S.-ANGE.

» J'ai attendu l'occasion favorable pour te donner ma » réponse. Il sera facile de nous débarrasser du butor...

LAVIRON.

Ah! je suis un butor...

PRUDHOMME.

Mais non; c'est moi... vous ne voulez pas m'entendre.

Mad. PASTEL.

Voyons la suite.

S.-ANGE.

» Puisque ta mère approuve notre amour, obtiens un » léger retard, et je forcerai bien le sot rival à renoncer à » ta main.

LAVIRON.

Sot rival! M. Prudhomme.

PRUDHOMME.

Le lieu de la scène n'est point propre à une explication. Mad. Pastel, à ce soir au Luxembourg, dans l'allée des Soupirs. (*Il se sauve.*)

LAVIRON.

Tu crois encore m'échapper là-haut, parce que les fonds me manquent. Laisse faire, donne toi le tems et je te rejoins tout de suite. Qui est-ce qui a un sou de disponible?

Mad. PASTEL.

Batelier, je vous demande grace pour lui.

LAVIRON.

Laissez donc, madame, un petit suborneur qu'en veut à l'honneur de celle qu'a le bonheur de faire palpiter mon cœur! Nicolas, prête moi un sou, et va te poster à l'autre bout du pont. A s't'heure nous te tenons! (*Voyant Prudhomme sur le pont.*) Je suis à toi, mon homme!

PRUDHOMME.

Comment, il est à moi ! lui serait-il survenu des fonds. Je l'apperçois, il va monter, que faire.. Fuyons de l'autre coté... Ah ciel ! l'autre qui monte les degrés... Cerné inévitablement par les deux bouts. Dites donc, Mlle. Javotte la rivière est-elle bien profonde à l'endroit de vot' bateau ?

JAVOTTE, *fredonnant.*

Les caillous touch' à la terre.

PRUDHOMME.

Dites donc, je n'ai pas de tems à perdre... croyez-vous que e puisse la traverser sans me périr ?

LAVIRON, *en dehors.*

Les canards l'ont bien passée...

PRUDHOMME.

Le voilà... quel bonheur que j'aie trois mois d'école ! Je n'hésite plus, je ne balance plus... Allons vlan... une tête ? Pas si gnole !... Glissons tout doucement le long de la corde de la pompe et livrons nous prudemment au liquide élément.

Mad. PASTEL et SOPHIE.

Ah ciel !

LAVIRON, *paraissant sur le pont.*

Eh ben, où est-il donc le canard ?

JAVOTTE.

Dans l'eau.

Mad. PASTEL.

Malheureux vous serez cause de sa perte !

LAVIRON.

Soyez tranquille, je le repêcherai avant qu'il soit huit jours. (*à St. Ange qui est en bas*) Dites donc, M. St.-Ange, pendant qu'il se mouille, j'ai bien envie de le suivre et de le tenir le bec dans l'eau jusqu'à ce qu'il ait capitulé.

Chasse du jeune Henri.

Mad. PASTEL.

Sous cet habit, c'est vous, Saint-Ange !

SOPHIE.

Ah ! de grace point de couroux.

S.-ANGE.

Puisqu'ici le hazard me venge,
Veuillez me nommer son époux.

TRANQUILLE *tenant sa ligne.*

Mes chers amis, je vous annonce
Qu'enfin mon bonheur est complet:
Venez m'aider, ma ligne enfonce,
Et c'est sans doute un gros brochêt.

D'une pêche aussi peu commune
J'aurai lieu d'être satisfait,
Et je vais faire ma fortune
En le vendant chez Corcellet.

TOUS.

D'une pêche, etc.

(*Ritournelle de :* Va t'en voir s'ils viennent, Jean, *pendant laquelle on aide Tranquille à tirer sa ligne. On voit sortir la tête de Prudhomme, accroché à l'hameçon par sa cravate.*)

TOUS.

Air : *Ah! le bel oiseau.*

Ah! le beau brochet, vraiment,
Que monsieur pêche à la ligne;
Ah! le beau brochet, vraiment,
Et qu'il lui vaudra d'argent.

PRUDHOMME.

Quoi! lorsque je cours ici
Le danger le plus insigne,
De moi, vous mocquer ainsi :
La chose est vraiment indigne.

TOUS.

Ah! le beau, etc.

LAVIRON.

Un instant... ne le retirez pas encore... Laissez le moi à flot jusqu'à ce qu'il ait renoncé devant témoin à nos deux prétendues.

PRUDHOMME.

Comment vous voulez...

LAVIRON.

Ou ben un plongeon... pas de milieu, choisis.

PRUDHOMME.

Air : *Jupiter, un jour en fureur.*

Eh! bien donc, calme ta fureur,
Ne me garde pas de rancune;
L'humide palais de Neptune
Me cause trop de frayeur.
A ces dames, selon votre ordre,
Je renonce et pour tout de bon...
Tirez moi par l'hameçon,
Car je suis las d'y mordre.

Tirez donc car je ne tiens qu'à un fil. (*On le tire.*)

LAVIRON.

V'là pour le coup encore un *sot* tiré de l'eau.

PRUDHOMME.

De quoi ai-je l'air à présent? d'un caniche! Mesdames, je vous laisse avec vos amans; épousez, n'épousez pas, je m'en lave les mains. Pour moi, je m'en vas me sécher sur pied; Mais je peux dire qu'il est heureux que l'hameçon ne m'ait pris qu'à la cravatte! une ligne de plus et j'avalais l'asticot!

S.-ANGE.

Consolez-vous, mon cher, vous avez fait naufrage, mais vous n'êtes pas le seul à qui cela arrive.

VAUDEVILLE FINAL.

Air *de la ronde de Mlle. Arnould.*

JAVOTTE.

Chacun fait sans conséquence
Plus d'un projet vaste et beau;
Mais vient une circonstance,
Le projet tombe dans l'eau.

TRANQUILLE.

En achetant son office,
Un procureur a dessein
De rendre aux plaideurs service,
Et d'éviter tout larcin.

TOUS.

Chacun fait, etc.

LAVIRON.

Chacun à pêcher s'occupe
Et dispose ses filets,
L'un compte sur une dupe,
Et l'autre sur des brochets.

TOUS.

Chacun fait, etc.

S.-ANGE.

Une femme jeune et belle,
Pour nous charmer, se promet
D'être toujours bien fidèle,
Et de garder un secret.

TOUS.

Chacun fait, etc.

SOPHIE.

Le fat veut de son ton leste
Se défaire incessamment;
L'auteur devenir modeste,
L'usurier, compâtissant.

TOUS.

Chacun fait.

PRUDHOMME.

Si de plus d'une satyre
Le Pont-des-Arts est l'objet,
Ici, nous n'osons pas dire
C'est un ouvrage parfait.
Mais nos auteurs sont en peine,
Empêchez, par un bravo,
Qu'en se risquant sur la scène,
Ils n'aillent tomber dans l'eau.

TOUS.

Mais nos auteurs, etc.

FIN.

De l'Imprimerie de HOCQUET et Comp., rue du Faubourg-Montmartre, au coin du Boulevard, N. 1042.

DÊCORATION.

Le théâtre représente la rivière. Il est traversé dans toute sa largeur par le Pont-des-Arts, dont on ne voit que deux arches, et qui prend depuis le premier plan à droite du spectateur, obliquement, jusquau second plan à gauche. Entre le premier et le second plan à gauche, devant le pont, doit arriver le bateau de St.-Ange, celui des blanchisseuses doit être placé sous l'arche à droite, qui est à moitié à sec. On y monte par une planche donnant sur la berge, représentée par l'avant-scène. On voit au fond du théâtre, en perspective, le Pont-Neuf et La Cité. Dans les villes où l'on voudrait monter la pièce sans faire la dépense d'un decors complet, il suffirait d'établir le pont sur des trétaux et d'en faire peindre la façade.

46ème. Gilles dans un Potiron

ou

La Naissance des Gilles.

Féerie vaudeville en trois actes, représentée sur le Théâtre des délassements, le 2 Juin 1805.

On avait joué aux jeunes artistes la Naissance d'arlequin, ou Arlequin dans un œuf. ceci ce qui me donna l'idée de cette folie.

Lafargue qui a joué depuis les tyrans à la Gaîté, et ensuite les Pères Nobles à l'odéon avec beaucoup de talent, jouait l'amoureux dans cette pièce.

www.ingramcontent.com/pod-product-compliance
Lightning Source LLC
LaVergne TN
LVHW012020160826
845678LV00002B/938

* 9 7 8 2 3 2 9 6 6 6 7 8 5 *